Yves-Alexandre Thalmann

Petit cahier d'exercices

pour vivre libre et cesser de culpabiliser

Illustrations Jean Augagneur

jouvence EDITIONS

PETIT CAHIER
Sport cérébral du bien-être

Dans la même collection PETIT CAHIER

Petit cahier d'exercices pour rester zen dans un monde agité, 2010
Petit cahier pour vivre sa colère au positif, 2010
Petit cahier d'exercices pour voir la vie en rose, 2010
Petit cahier d'exercices d'entraînement au bonheur, 2009
Petit cahier d'exercices d'estime de soi, 2008

Du même auteur

Petit traité de démanipluation publicitaire, 2011
Les trois désaccords, 2010
Petit traité de contre-marketing, 2010
Au diable la culpabilité, 2009
Garder intact le plaisir d'être ensemble, 2009
Se libérer de la tyrannie des répétitions amoureuses, 2007

Catalogue gratuit sur simple demande

ÉDITIONS JOUVENCE
BP 90107 - 74161 Saint Julien en Genevois Cedex
Suisse : CP 184 - 1233 Genève-Bernex
Internet : **www.editions-jouvence.com**
Mail : info@editions-jouvence.com

ISBN 978-2-88353-930-3

Couverture : Éditions Jouvence
Mise en page : Caroline Delavault
Dessins de couverture et intérieurs : Jean Augagneur

La culpabilité !

Qui n'a jamais ressenti sa terrible morsure ? Un sentiment pénible qui vient saboter les bons moments de la vie, une sourde impression d'avoir mal fait, d'avoir fait mal.
À tel point que les sentiments de culpabilité peuvent parfois envahir notre existence et gâcher notre bien-être.
Mais, bonne nouvelle, il est possible de s'en défaire.
C'est à cette fin qu'a été rédigé ce petit cahier d'exercices.
Activités pratiques, introspections et prises de conscience jalonnent ce parcours pour traverser la culpabilité et s'en libérer.

Prêt à dire « Adieu ! »
à votre culpabilité ?

Alors en route !

Si je ne me sentais pas coupable :

- je pourrais apprécier de rester au lit et faire la grasse matinée lorsque je n'ai pas d'obligation.
- je pourrais m'acheter ce parfum dont j'ai envie depuis longtemps, sans prétexte particulier ou mauvaise conscience.
- je pourrais m'offrir ce petit dessert dont je rêve tant.
- je pourrais jouir des bons moments que me réserve la vie.

Et vous ?

-
-
-
-
-
-
-

Que de belles perspectives !

Alors essayons de faire un sort à cette maudite culpabilité !

La culpabilité n'est pas la honte

Commençons par distinguer honte et culpabilité, car la façon de traiter ces deux sentiments n'est pas identique.

Sur le tableau suivant, notez 3 situations où vous avez ressenti de la honte, et 3 situations où vous avez éprouvé de la culpabilité.

J'ai ressenti de la honte lors de…	J'ai ressenti de la culpabilité lors de…
1.	1.
2.	2.
3.	3.

Quelle différence remarquez-vous ?

La honte est associée au regard des autres et nous amène à nous sentir indignes, inférieurs, pas à la hauteur, pas assez bien.

- J'ai honte car mon voisin m'a surpris en train de me curer le nez.

- J'ai honte d'avoir perdu mon travail.

La culpabilité est consécutive à une faute que nous avons commise, un tort que nous avons occasionné à quelqu'un.

- Je me sens coupable d'avoir renversé un cycliste.

- Je me culpabilise de laisser mon enfant devant la télévision pour avoir un peu de calme.

Relisez ce que vous avez noté dans le tableau précédent. Devez-vous changer une situation de colonne ? Ce que vous aviez pris pour de la culpabilité ressemble peut-être plus à de la honte, et vice versa. Le cas échéant, faites une flèche avec un stylo pour indiquer ce changement.

Exercice

Honte ou culpabilité ?

a) Alain a été s'inscrire au chômage suite à la faillite de l'entreprise dans laquelle il travaillait.
b) Bernard roule dans une petite voiture alors que tous ses amis ont des voitures luxueuses.
c) Charles ne donne pas d'argent à un enfant qui mendie dans la rue.
d) Denise doit supporter l'ivresse de son mari lors d'une soirée amicale.
e) Étienne trompe son épouse, qui n'est au courant de rien.
f) Francis a frappé son enfant pour qu'il obéisse.
g) Gilbert rate pour la troisième fois l'examen théorique du permis de conduire.
h) Hélène trouve qu'elle a de trop petits seins.

Réponse

a) Alain a honte de sa situation, car il n'est plus capable de gagner sa vie comme les autres.
b) Bernard se sent inférieur, il a donc honte.
c) Charles pense mal faire en refusant de donner l'aumône. Il se culpabilise.
d) Denise a honte de son mari.
e) Étienne se culpabilise, car il sait qu'il fait du mal à son épouse.
f) Francis a contrevenu à la règle qu'il s'était imposée : ne jamais frapper un enfant. Il se sent donc coupable. Mais il peut aussi se sentir honteux, du moment qu'il pense que ses amis sont capables de se contrôler et de ne pas frapper leurs enfants. Il n'est pas comme eux, pas aussi bien.
g) Gilbert se compare aux autres qui réussissent mieux. Il a honte de lui.
h) Hélène se compare aux autres femmes et ressent de la honte par rapport à la taille de sa poitrine.

La saine culpabilité

Tous les sentiments de culpabilité ne se valent pas ! Certains apparaissent suite à une faute avérée, un tort réel causé à autrui. On parle alors de saine culpabilité.

Celle-ci est comme un gendarme intérieur, dont le rôle est de :

- nous inciter à respecter les règles en vigueur, à ne pas nuire à autrui.
- nous punir lorsque nous enfreignons ces règles... par les mauvais moments que nous passons à nous culpabiliser.

- culpabilité après avoir volé un objet
- culpabilité après avoir causé un accident
- culpabilité après avoir blessé intentionnellement quelqu'un

Mais il y a aussi une deuxième sorte de culpabilité, qui apparaît sans qu'aucune faute objective ne soit avérée. Il s'agit de la culpabilité morbide.

- Se sentir coupable de ne pas aller rendre visite à un parent âgé en institution

- Se sentir coupable de mieux réussir que ses frères et sœurs

- Se sentir coupable de placer son enfant en garderie pour reprendre une activité professionnelle

La distinction entre les deux types de culpabilité n'est pas toujours évidente, comme le démontre l'exercice de la page suivante.

Exercice

Y a-t-il faute ?
La culpabilité est-elle justifiée ?

	oui	non
a) Anne décide de prendre la pilule abortive deux jours après un rapport sexuel sans précaution.	❑	❑
b) Béatrice décide d'avorter après deux mois de grossesse sur les conseils insistants de son médecin.	❑	❑
c) Claude roule à plus de 140 km/h sur l'autoroute alors qu'il est presque le seul usager.	❑	❑
d) Daniel renonce à aller voir sa mère âgée qui vit en institution.	❑	❑
e) Éric a soustrait certains revenus de sa déclaration fiscale.	❑	❑
f) Fabienne se fait reprocher par sa fille de préférer et de favoriser son fils.	❑	❑
g) Georges n'a pas fait vacciner son enfant qui a contracté une maladie à cause de cela.	❑	❑
h) Hadrien a fait vacciner son enfant qui développe une forte réaction à cause de cela.	❑	❑
i) Isabelle a renversé un piéton sur un passage clouté.	❑	❑
j) Jacqueline n'accepte pas d'acheter un petit jouet que son fils réclame au supermarché.	❑	❑

Discussion

a) Anne pourrait se sentir coupable, et du rapport sexuel sans précaution, et de demander la pilule abortive. Ce n'est pourtant pas une faute au sens légal du terme.

b) Béatrice suit les recommandations de son médecin. Aucune faute. Elle peut tout de même nourrir des sentiments de culpabilité en rapport avec des règles éthiques ou des préceptes religieux.

c) Claude est clairement en faute, même s'il est très probable qu'il n'en éprouve aucune culpabilité.

d) Pas de faute pour Daniel, qui peut quand même se sentir coupable de ne pas remplir son devoir filial.

e) La faute est ici avérée, de même que le tort subi par la communauté. Mais la culpabilité n'est certainement pas au rendez-vous !

f) Fabienne se fait culpabiliser par son fils, alors qu'elle ne commet vraisemblablement aucune discrimination, donc aucune faute.

g) Georges va être culpabilisé pour son choix. Comme la vaccination n'était pas obligatoire, il n'a commis aucune faute.

h) Hadrien va être rassuré par le corps médical quant à la justesse de son choix. Mais il se culpabilisera sûrement, vu le tort causé à son fils.

I) Isabelle a commis une faute nette par rapport à la loi sur la circulation routière. Elle est objectivement coupable.

j) Non seulement Jacqueline ne commet pas de faute, mais elle exerce correctement sa fonction parentale. Malgré tout, elle peut en éprouver de la culpabilité !

Sachons fuir les culpabilisateurs !

Attention :
Certaines personnes sont championnes pour nous faire culpabiliser alors que nous n'avons commis aucune faute. Fuyons-les !

La culpabilité est un puissant levier pour manipuler les gens. Certaines personnes usent de ce moyen pour exercer leur pouvoir et obtenir ce qu'elles veulent d'autrui.

Le culpabilisateur essaie de nous faire croire que notre culpabilité est justifiée afin de profiter de nous !

Portrait du culpabilisateur ;

- ✓ Il se plaint souvent
- ✓ Il est plutôt beau parleur et charmeur (facultatif)
- ✓ Il est plutôt apprécié de façon générale

✓ Ce n'est jamais de sa faute lorsque les choses tournent mal

✓ Il vous fait croire que c'est de **votre** faute lorsque cela ne va pas bien

✓ Il vous fait croire que son bonheur est entre vos mains

✓ Il ne vous accuse pas directement, mais de manière détournée et subtile

✓ Vous vous sentez coupable en sa présence

✓ Vous avez l'impression de mal faire

✓ Vous essayez de changer pour le satisfaire

✓ Vous vous culpabilisez

Apprenons à fuir ces personnages !

Constat :

Ce n'est pas en réfléchissant sur la nature de la faute que l'on peut se libérer de la culpabilité morbide.

Il y a tant de règles que l'on peut presque toujours en trouver une pour se reprocher un comportement que l'on désapprouve.

Règle morale

Il ne faut pas nuire volontairement à autrui

Règle religieuse

Il faut faire ses prières chaque jour et aller à la messe tous les dimanches

Règle communautaire

Il faut s'entraider dans le quartier

Règle familiale

On ne parle pas de ses malheurs et on doit paraître fort

Règle personnelle

- Je dois toujours me contrôler
- Je dois toujours être généreux

Identifiez quelques-unes des règles personnelles que vous vous efforcez de suivre, sans que l'on puisse parler de faute objective en cas de transgression :

-

-

-

-

-

-

-

-

-

-

-

-

-

Notez dans l'espace ci-dessous quelques-unes de vos culpabilités morbides.

Cahier d'introspection

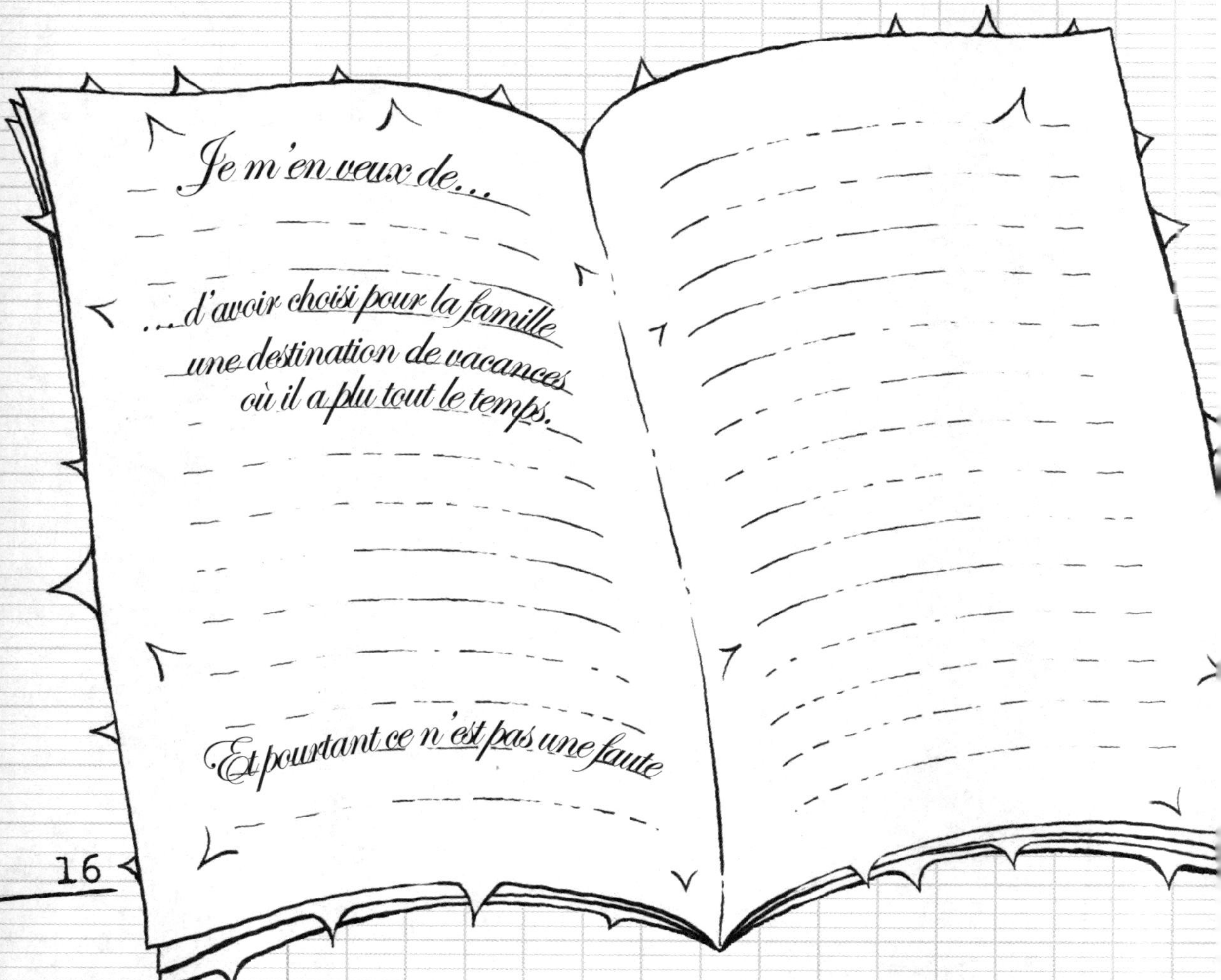

Comprendre la culpabilité morbide

La culpabilité morbide apparaît dans des situations où nous *<u>croyons</u>* *rendre les autres malheureux.*

- Mon père sera malheureux si je ne vais pas lui rendre visite.

- Mon enfant sera malheureux si je le place en garderie.

- Mon interlocuteur sera vexé si je lui dis non.

Identifiez des situations où vous vous sentez coupable. Notez qui sera (ou est) malheureux à cause de vous, et pourquoi.

-

-

-

-

-

-

Mais sommes-nous vraiment capables de rendre autrui malheureux ?

Réfléchissons sur nous-même pour commencer.

Quelqu'un d'autre peut-il me rendre heureux ?

- Oui, je suis heureux lorsqu'on me dit que l'on m'aime, que l'on m'offre un cadeau, que l'on me complimente…

- Oui, mais si quelqu'un que je n'apprécie pas me répète sans cesse qu'il m'aime, que je reçois un cadeau empoisonné, ou que l'on cherche à me flatter, je ne suis pas heureux.

En fait, ce n'est pas la situation ou les actions des autres qui me rendent heureux, c'est moi-même et ce que j'en pense !

De même, quelqu'un peut-il me rendre malheureux ?

- Je serais tellement plus heureux si mon voisin arrêtait d'être désagréable.

- Ce sont les reproches incessants de mon patron qui me rendent malheureux.

Notez quelques situations où vous *pensez* être malheureux à cause des autres :

-

-

-

-

-

-

Reprenez maintenant les situations de la page précédente et réfléchissez à un comportement que vous pourriez adopter pour ne plus être malheureux.

Je peux éviter de croiser mon voisin, et surtout ne pas donner d'importance à sa mauvaise humeur.

Au pire, je peux changer de travail.

À vous :

. . . .

. . . .

. . . .

. . . .

. . . .

Conclusion :

Selon le même principe, il n'est pas possible que les autres vous rendent malheureux (tout au plus peuvent-ils contribuer à votre malheur, si vous le leur permettez !).

Imaginez un individu décidant d'insulter Jésus, Bouddha, Soeur Emmanuelle ou le dalaï-lama.

En seraient-ils pour autant affectés, vexés ?

« Le bonheur est une construction qui se nourrit d'actions et de décisions. »

Christophe André

Il est très tentant de se persuader que ce sont les autres qui nous rendent malheureux, car on peut ainsi jouer à la victime.

- Si tu savais comme c'est pénible de vivre avec mon mari ! Toujours à se plaindre…

- Je n'y peux rien si les autres enfants ne veulent pas jouer avec moi !

- C'est la faute de mes parents, ils n'étaient pas assez présents quand j'avais besoin d'eux !

Notez sur cette page les phrases que vous dites et qui vous positionnent en victime :

-

-

-

-

-

Puis biffez-les et réécrivez-les en commençant par « je choisis de… » :

- Je choisis de rester avec cet homme car je l'aime malgré tout.

- J'ai choisi (jusqu'à maintenant) de rester à l'écart, car je ne sais pas comment faire pour aborder les autres enfants.

- Je choisis d'entreprendre une démarche de psychothérapie pour aller mieux.

-

-

-

-

-

-

-

Repérer la culpabilisation

De même que l'on se complaît parfois à jouer la victime, les autres aiment aussi se victimiser, c'est-à-dire nous faire porter le poids de leurs décisions. Elles nous en rendent alors responsables : elles nous culpabilisent.

Définition du dictionnaire :

Culpabiliser = rendre responsable

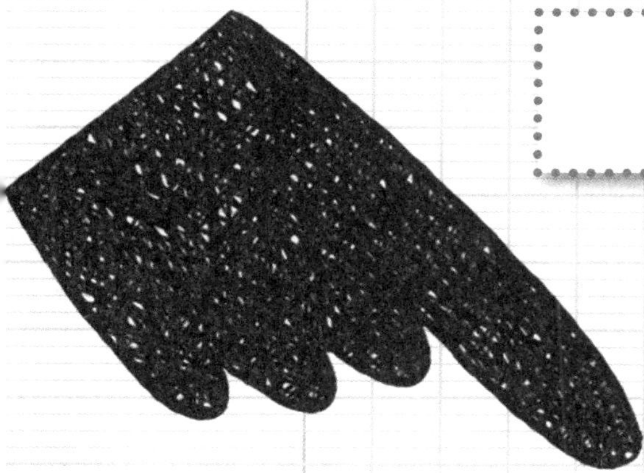

Tu m'énerves.

Tu vas me rendre malade.

C'est de ta faute si je mange autant.

À cause de toi, je ne fais plus de sport.

Identifiez les phrases culpabilisantes que vous entendez de vos proches.

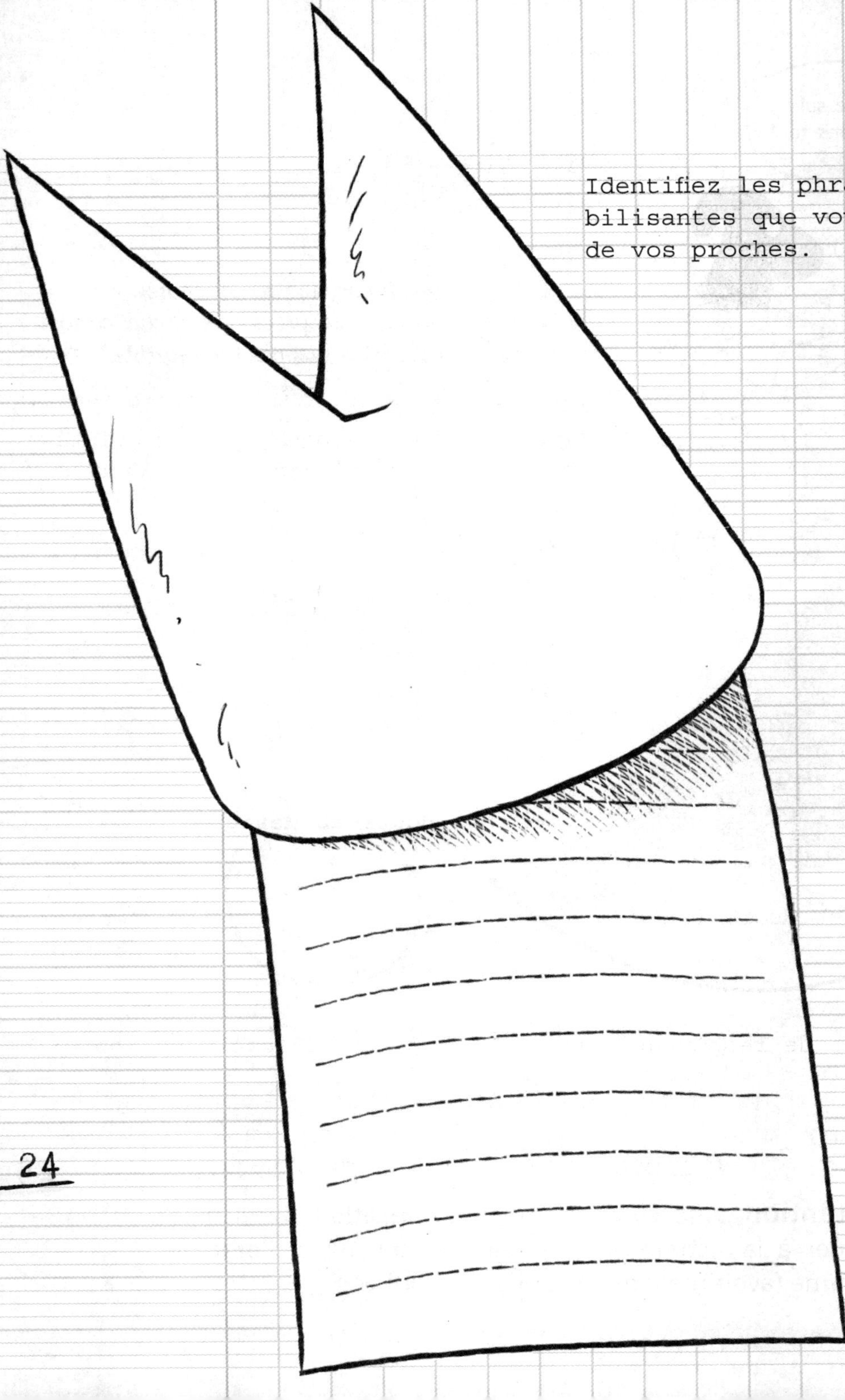

La prochaine fois que vous les entendrez, répondez :

« C'est ta façon de voir les choses. »
« J'entends que tu es déçu (énervé, fâché, contrarié), mais je n'en suis pas responsable. »

Rappelez-vous : pour qu'une victime existe, il faut forcément un bourreau !

Quand quelqu'un se victimise, un autre doit se culpabiliser :

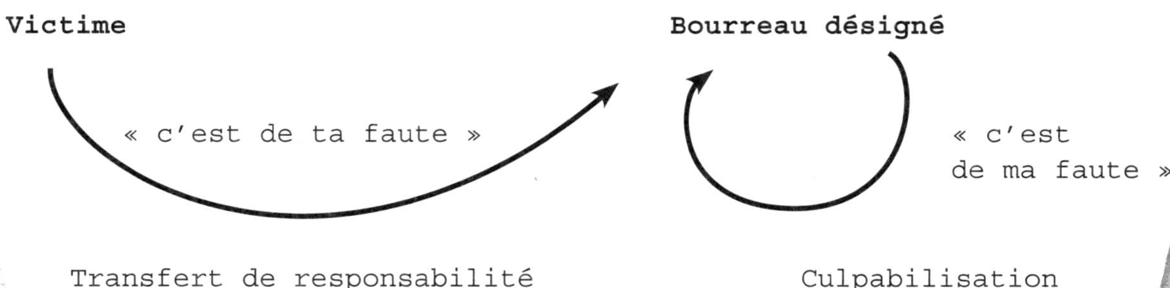

Attention : ne confondons pas la **position** de victime (jouer à la victime pour culpabiliser autrui) et l'**état** de victime (avoir réellement subi un préjudice) !

Mais ça marche aussi dans l'autre sens :

Quand quelqu'un se culpabilise, un autre devient victime, c'est-à-dire impuissant.

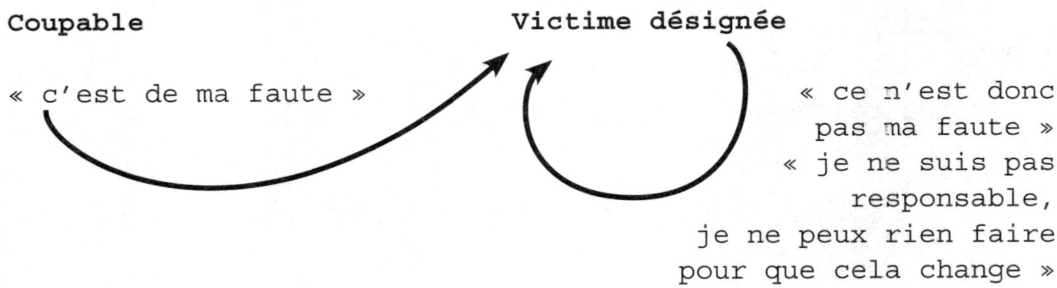

Se culpabiliser, c'est enlever le pouvoir de décision d'autrui, c'est nier son libre-arbitre.

Histoire vraie

Michel a des horaires irréguliers dans son travail. Il a un accord avec son épouse : il indique où il travaille et quand il termine son activité (il ne peut pas dire quand il rentre exactement, ne pouvant pas prévoir l'état de la circulation).
Un soir, il arrive avec une heure de retard. Son épouse est fâchée de ne pas avoir été avertie.

Question : Qui est responsable de la colère de Madame ?

Votre réponse : ....

C'est elle-même. Monsieur n'a aucunement contrevenu à l'accord qu'ils ont passé ensemble.

Toujours fâchée, Madame lui demande : « Si cela était à refaire, tu m'appellerais, vu le souci que je me suis fait ? » Réponse de Monsieur : « Non, pas forcément ! »

Question : Pourquoi cette réponse est-elle sensée ?

Votre analyse :

....

....

....

....

....

Monsieur ne prend pas en charge l'émotion de sa femme. S'il le faisait, il l'infantiliserait, lui signifiant qu'elle n'est pas capable de gérer ses soucis elle-même. En répondant comme il le fait, il court le risque qu'elle soit davantage contrariée, mais il la laisse maître de ses réactions, et donc libre d'en changer.

D'ailleurs, on peut se demander pourquoi elle n'a pas appelé elle-même son mari, voyant qu'il avait du retard…
« Oh, je ne voulais pas le déranger… » Il y a donc bien décision de sa part.

Nota bene :

- Madame n'a pas fait de demande à son conjoint (« j'aimerais que tu m'appelles si tu as du retard »), c'est pour cela qu'il lui répond ainsi.
- Il ne faut pas penser que Monsieur se fiche de ce que vit sa femme. Il fait simplement la différence entre **prendre en charge** et **prendre soin de.** Sa colère et son souci l'affectent, mais il ne s'en sent pas responsable pour autant.

Cahier d'introspection

- Si tu manges autant, ce n'est pas parce que je fais de bons petits plats, c'est parce que tu te ressers plus qu'à satiété.

Exercice

Situation : Une mère âgée demande à son fils de la véhiculer chez une amie car elle n'a pas de moyen de transport. Or, le fils a d'autres projets à ce moment-là. Il refuse donc de rendre le service. Sa mère dit alors : « Tu pourrais bien me rendre ce petit service. Tu sais que je n'ai pas de voiture. Je n'ai déjà pas beaucoup de sorties, je n'aimerais pas devoir renoncer à celle-ci. Pense à toutes les fois où je me suis sacrifiée pour toi lorsque tu étais petit... ». Le fils se culpabilise et il cède, à contrecœur.

D'où provient cette culpabilisation ? Le fils estime qu'il sera responsable de la détresse de sa mère s'il ne s'exécute pas. Or, **qui décide de quoi** dans cette situation ?

Décision du fils :	**Décision de la mère :**
-	-
-	-
-	-
	-
	-
	-
	-
	-
	-

(Il y en a beaucoup plus)

Réponses

Le fils peut décider de véhiculer sa mère ou au contraire de ne pas le faire.

De son côté, la mère **décide** d'aller trouver une amie à un moment donné. Elle **choisit** comme solution de se faire transporter par son fils. De plus, elle **décide** qu'elle ne s'y rendra pas autrement, ni à un autre moment. Pour augmenter ses chances, elle **décide** de faire pression sur son fils (en le culpabilisant). Enfin, elle **décide** aussi de renoncer à cette visite si son fils ne l'amène pas à destination et enfin, elle **décide** de montrer ouvertement à son fils sa détresse et son malheur si la visite ne peut avoir lieu.

Mais à chaque étape, cette femme pourrait décider autrement, avec d'autres conséquences, par exemple :

- de prendre les transports publics
⇨ Résultat : elle peut quand même aller chez son amie

À vous la suite :

-
⇨

-
⇨

-
⇨

Sous forme de tableau

Décision	Résultat	Décision alternative	Résultat alternatif
Aller trouver son amie à ce moment-là	Le fils doit modifier son agenda	Différer la visite	Le fils peut trouver des arrangements
Se faire transporter par son fils	Le fils doit être au service de sa mère	Utiliser un autre moyen de transport : demander à quelqu'un d'autre commander un taxi utiliser les transports publics changer le lieu du rendez-vous	Le fils est dégagé de l'obligation

Renoncer à la visite si son fils ne l'aide pas	Le fils est mis sous pression : sans lui, pas de visite	Se rendre quand même chez l'amie, mais d'une autre façon	Le fils est déchargé du poids de la situation
Montrer sa détresse à son fils en cas de refus	Le fils assiste à la peine de sa mère	Cacher son insatisfaction plutôt que de l'exposer	Le fils a la conscience tranquille

On peut constater que chaque décision de la mère peut être remplacée par une autre décision, qui a de tout autres conséquences par rapport au fils. Ce sont bien les choix de la mère qui déterminent la suite des événements, et non pas les choix du fils.

Sous forme de schéma :

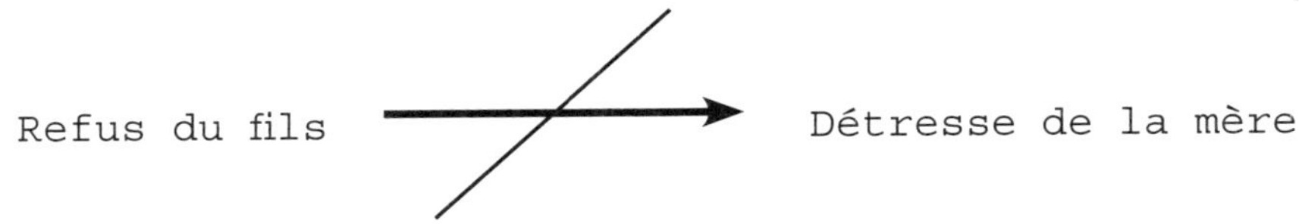

Mais :

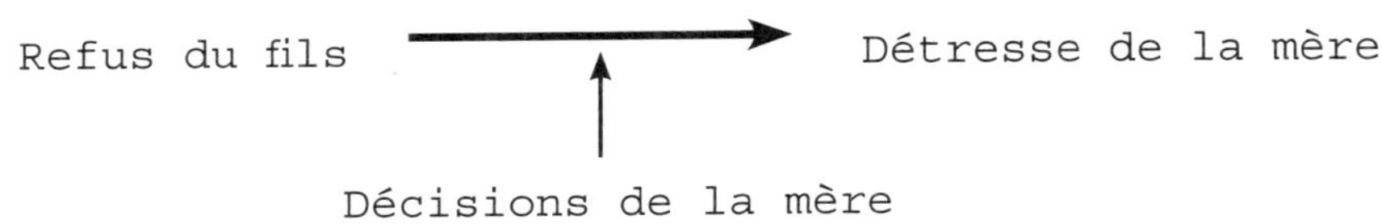

En conséquence, les **vraies causes** de la détresse de la mère sont ses propres décisions, pas celles de son fils ! Le fils n'a en définitive pas le pouvoir de rendre sa mère heureuse ou malheureuse.

Nous sommes les seuls à pouvoir décider d'être heureux ou malheureux.

Copiez cette phrase avec les couleurs de l'arc-en-ciel sur cette page. Elle est tellement libératrice !

Exercice

Qui décide de la réaction émotionnelle en jeu ?

a) La petite Alice pleure de rage lorsque sa maman refuse de lui acheter un petit jouet.
b) Bernard reproche à sa femme de le délaisser et de sortir avec ses amies.
c) Charles dit à son ex-fiancée qu'elle lui a brisé le cœur lorsqu'elle est partie.
d) David est heureux suite à la réussite scolaire de son fils.
e) Élise se morfond suite au non-respect de l'heure de rentrée de son fils adolescent.
f) Francine se félicite de la bonne ambiance qui règne au bureau.
g) Gilles s'énerve lorsque ses élèves ne font pas leurs devoirs.
h) Hector est très jaloux envers son amie, surtout lorsqu'elle parle à d'autres hommes.

Réponses

Vous l'avez compris, c'est toujours la personne qui décide qui est responsable des conséquences, ici de l'émotion ressentie.

Alice pourrait ne pas pleurer, Bernard pourrait passer un moment à regarder la télévision seul, Charles faire sien le dicton « Une de perdue, dix de retrouvées », David décide de mettre de l'importance sur la réussite scolaire de ses enfants, Élise pourrait appeler la police ou dormir tranquillement, Francine ne porter aucun intérêt à l'ambiance du bureau, Gilles punir ses élèves sans s'énerver, Hector ne pas considérer les amis de sa femme comme une menace pour son couple.

À vous de jouer !

Pour les situations où vous ressentez de la culpabilité, dressez la liste des choix pris par l'autre personne, puis imaginez quelques décisions alternatives qu'elle pourrait mettre en place.

Situation	Choix	Décisions alternatives

C'est parce que nous sommes des êtres libres que nous pouvons choisir.

C'est parce que nous choisissons que nous sommes responsables de nos décisions.

Il en va ainsi pour quasiment toutes les émotions que nous ressentons :

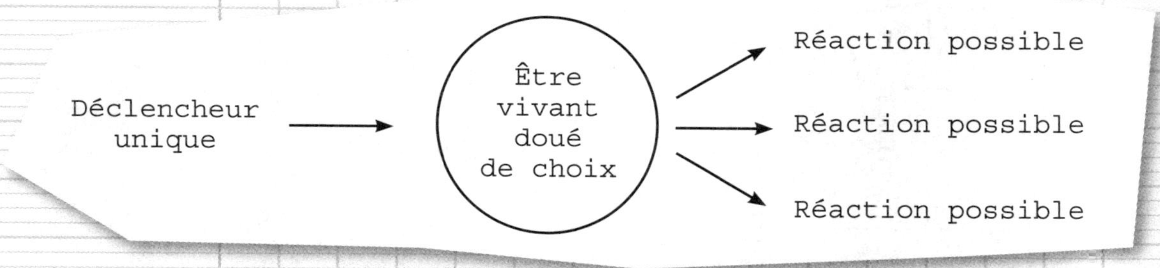

Ce n'est donc pas le déclencheur qui détermine l'émotion, mais bien le choix de la personne impliquée !

- Ce n'est pas le ralentissement sur la route qui m'énerve, mais l'idée du retard inacceptable que je me fais.

- Ce n'est pas le temps qu'il fait qui me déprime, mais ma façon de considérer la grisaille.

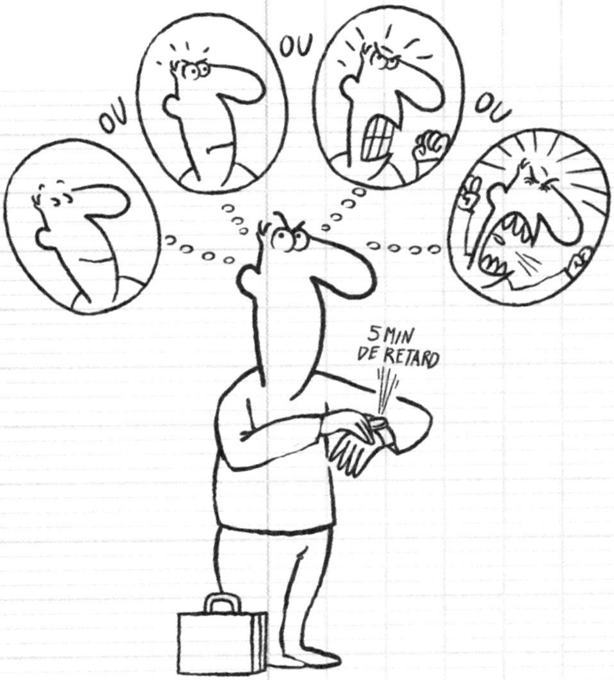

***« Ce qui trouble les hommes,
ce ne sont pas les choses,
mais les opinions qu'ils en ont. »***

Epictète

Vous pensez qu'il en est autrement ? Que ce sont les autres qui causent nos émotions ?

Réfléchissez aux conséquences que cela aurait :

- Nous serions à la merci des autres, des sortes de pantins dans leurs mains. Ils pourraient nous énerver ou nous attrister à loisir.
- Il serait impossible d'apprendre à gérer nos émotions (exit l'intelligence émotionnelle !).
- Les juges devraient prononcer des circonstances atténuantes pour tous les crimes où l'émotion intervient (« je l'ai frappé car il m'a énervé ! »).

Clé de répartition des responsabilités

Toutes ces prises de conscience permettent de comprendre que :

Dans le cadre de relations saines et équitables entre adultes libres et responsables (justement),

chacun doit être tenu pour responsable de ses propres actions, pensées et émotions.

Je suis à
100 %
responsable de
ce que je fais
ce que je dis
ce que je pense
ce que je ressens

L'autre est à
100 %
responsable de
ce qu'il fait
ce qu'il dit
ce qu'il pense
ce qu'il ressent

Prenez le temps de méditer cette clé de répartition.

Elle est peut-être contraire à ce que l'on vous a inculqué dans votre éducation.

Peut-être est-il temps de procéder à une rééducation !

Cette page est vide. Mettez-y tous les contre-arguments que vous trouverez qui pourraient contredire la clé de répartition proposée.

- Je me crois responsable des décisions d'autrui parce que…
- Si j'insulte quelqu'un, il sera vexé, c'est un fait !
-
-
-
-
-
-

Puis tracez tous les arguments qui ne tiennent pas la route, après mûre réflexion !

S'il en reste encore, vous pouvez les envoyer à l'auteur qui essaiera de les traiter.
Adresse mail : ya@yathalmann.ch

Un monde d'égoïstes ?

Alors, tout le monde ne doit-il penser qu'à lui seul ?

Non, bien sûr… Nous avons aussi des responsabilités partagées, mais uniquement pour ce qui touche aux relations.

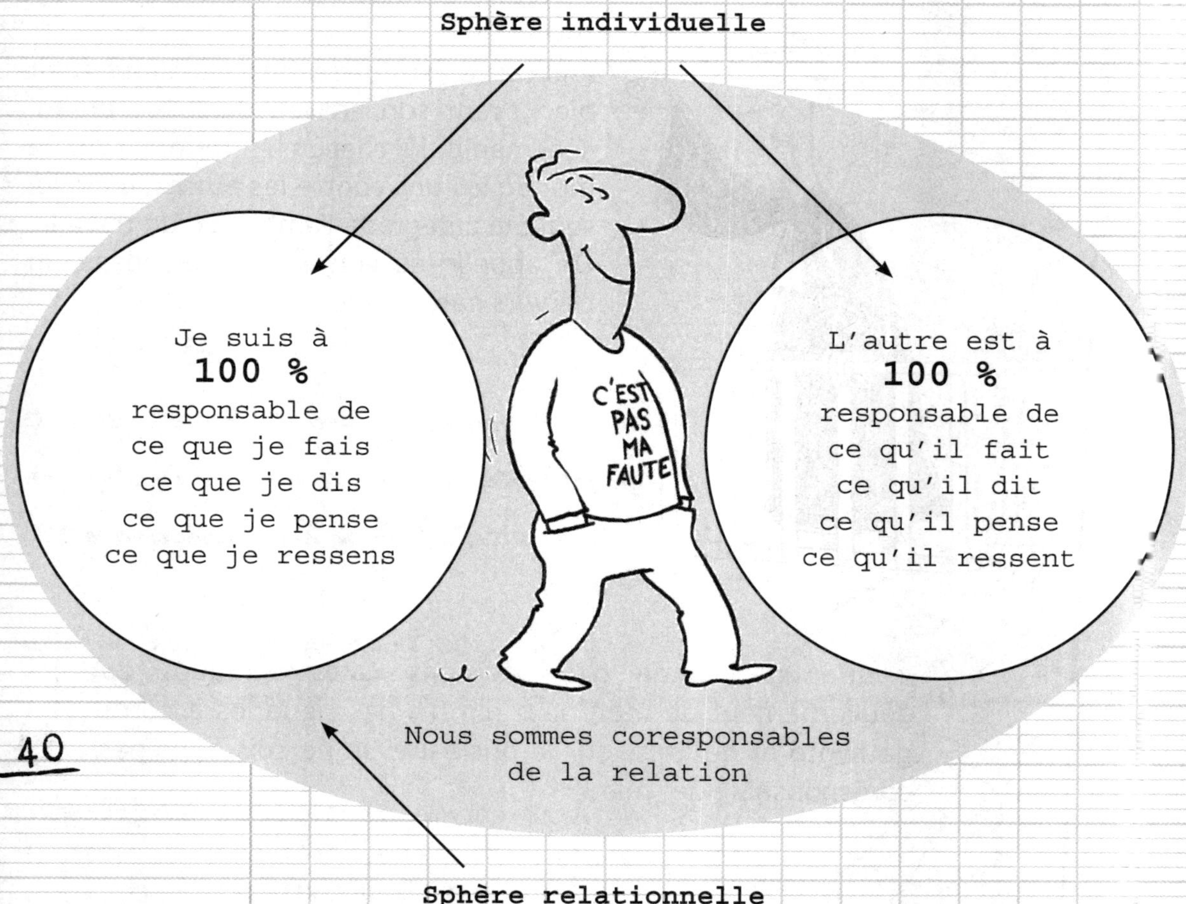

- Je suis coresponsable de l'ambiance qui règne au bureau, mais pas de la mauvaise humeur de mon collègue.

- Je suis coresponsable de la sauvegarde de l'environnement.

- Je suis coresponsable de l'état de la société actuelle.

Objection, votre honneur !

« L'accusé est un vrai pervers ! Tout allait bien avant son arrivée dans le bureau. Il a manipulé chacun et monté tout le monde les uns contre les autres. C'est lui seul qui a dégradé l'ambiance de travail... On appelle ce genre de personnage un pervers narcissique ! »

*Et qu'en est-il des collègues qui ont **accepté** de se laisser influencer, de l'écouter et d'agir en conséquence ?*

« Je suis victime des décisions catastrophiques du gouvernement de mon pays qui n'a pas signé les accords de Kyoto et qui mise sur le nucléaire. Je ne suis donc pas coresponsable de cela ! »

Et qu'en est-il de mes ***choix personnels*** *de rouler en voiture et d'acheter des appareils gourmands en électricité ?*

« J'éduque au mieux mes enfants, mais je ne peux rien faire avec les enfants des autres ! »

N'est-ce pas en ***mon pouvoir*** *de demander à d'autres enfants de respecter la propreté des rues et les règles en usage, d'intervenir en cas de transgression ?*

Renoncer à sa part de coresponsabilité, c'est abdiquer une part de son pouvoir d'action… et donc l'offrir aux autres !

Exercice

Responsabilité individuelle ou collective ?

a) Le voisin s'emporte contre vous car vous avez laissé pousser les branches de votre pommier et cela lui fait un peu d'ombre.

b) L'ambiance du quartier est devenue tendue suite à une dispute.

c) Vous êtes jaloux car votre conjoint aime parler avec son nouveau collègue.

d) Vous avez cassé la pelle prêtée par votre voisin.

e) La relation est très tendue entre votre fils adolescent et vous-même.

f) Vous criez, tellement vous êtes énervé suite au comportement de votre fils adolescent.

Réponse :

a) Le voisin est responsable de sa colère, vous de votre pommier. Mais chacun doit y mettre du sien pour que l'ambiance soit agréable.
b) Responsabilité collective, bien sûr.
c) La jalousie, c'est votre affaire. Votre conjoint n'y est en l'occurrence pour rien.
d) À vous de réparer, car vous êtes totalement responsable de vos actes.
e) Seul, vous ne pouvez pas améliorer la relation : votre fils doit y contribuer.
f) Cette colère vous appartient. À vous d'apprendre à l'exprimer par un autre moyen.

Pause détente

Nous avons bien travaillé !

Beaucoup de certitudes ont peut-être volé en éclats. Vous êtes peut-être déstabilisé.

Refermez votre cahier d'exercices et offrez-vous un moment de détente et de plaisir.

Une balade en forêt

Un bon bain chaud

Un film à la télévision ou au cinéma

Écrivez ici ce qui vous fait plaisir personnellement :

-

-

-

-

-

-

-

-

Mais sans mauvaise conscience, ni culpabilité !

Le plaisir que vous prenez n'ôte rien à personne !

La culpabilité, cette empêcheuse de prendre du bon temps !

Vous avez remarqué ? La culpabilité vient justement pointer le bout de son nez lorsque nous prenons du plaisir.

- Tu oses prendre un bain alors que d'autres n'ont pas l'eau courante, et que le climat est déjà trop réchauffé !

- À la place de cet argent dépensé pour un nouvel habit dont tu n'as pas besoin, tu aurais pu le donner à une œuvre caritative qui en a vraiment besoin !

- Ton pauvre père est tout seul dans son institution, alors que ton seul souci, c'est de regarder une série à la télévision !

Vous avez remarqué ? (bis) Lorsque nous nous culpabilisons, nous avons tendance à nous parler à la deuxième personne, avec le ***tu*** *!*

C'est comme si le juge en nous critiquait une autre partie de nous, comme dans un procès intérieur...

Quelles sont les phrases que vous vous dites mentalement lorsque vous vous culpabilisez ?
Arrêtez d'alimenter ces phrases auto-culpabilisantes, et décidez d'assumer de vous faire plaisir.

Sur cette page, notez toutes les permissions que vous décidez **maintenant** de vous accorder.

J'ai plaisir à prendre ce bain chaud. Je n'exagère pas en en faisant couler un ou deux par mois… Je me permets donc d'apprécier ce moment de détente.

Je me donne la permission de…

-

-

-

-

« C'est permis » est une phrase qui fait du bien…

-

-

-

-

Qu'il est bon de se sentir coupable !

Quoi ! Qui ose prétendre qu'il est bon de se culpabiliser ? C'est un tourment, rien de plus...

Détrompez-vous !

Rappel : nous sommes toujours dans le cadre de la culpabilité morbide, où aucune faute objective n'a été commise !

Celui qui se culpabilise pense qu'il aurait pu infléchir le cours des événements, que cela était en son pouvoir. Ce faisant, il nie une fois de plus le libre-arbitre des autres, leurs responsabilités dans leurs décisions.

- Si j'étais allé trouver mon père dans son institution, il aurait été heureux tout l'après-midi !

- Mais il pourrait aussi être heureux sans moi, ou malheureux avec moi !
- En fait, son état affectif ne dépend pas de moi…

- Avec toute la meilleure volonté au monde, je n'arriverai pas à le rendre heureux s'il n'a pas décidé de se réjouir…

Il est rassurant de penser que l'on peut assurément faire le bonheur des autres.

Faire le bonheur ou le malheur d'autrui, qu'est-ce, sinon un sentiment de toute-puissance ?

« La culpabilité s'appuie sur un sentiment d'omnipotence illusoire. »

Jacques Salomé

À vous de déterminer en quoi votre culpabilité cache un sentiment de toute-puissance !

- Je me culpabilise de l'alcoolisme de mon conjoint.

Toute-puissance illusoire → Je pourrais faire en sorte qu'il arrête de boire, indépendamment de sa volonté.

- Je me culpabilise de placer mon enfant en garderie.

Toute-puissance illusoire → Je pourrais faire en sorte qu'il se développe parfaitement bien si je m'en occupais à 100 %.

- Je me culpabilise de mieux réussir que ma sœur.

Toute-puissance illusoire → Je pourrais faire en sorte qu'elle soit plus heureuse en l'étant moins moi-même.

- Je me culpabilise d'inscrire mon parent âgé dans une institution.

Toute-puissance illusoire → Je pourrais faire en sorte qu'il soit heureux le restant de sa vie en le gardant à domicile.

Cahier d'introspection

Eh oui...

Culpabilité et toute-puissance sont intrinsèquement liées, comme les deux faces d'une même pièce !

Se culpabiliser, c'est réécrire le passé en tenant le rôle principal. Comme il est angoissant de prendre conscience que nous ne sommes qu'un figurant dans le drame qui se joue... mais c'est tellement déculpabilisant !

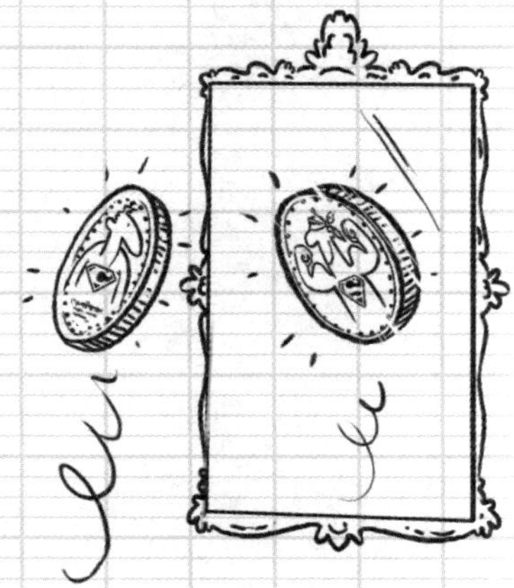

En nous donnant le sentiment de contrôle sur ce qui arrive, la culpabilité nous rassure. C'est pourquoi il est si difficile de s'en débarrasser.

Dissertation

À vous d'écrire un texte sur le thème :

Se culpabiliser, c'est un moyen de ne pas faire le deuil, de différer la souffrance de l'inéluctable.

Êtes-vous prêt à renoncer à ce sentiment de toute-puissance illusoire ?

À assumer que les choses vous échappent partiellement ?

À vous confronter à l'angoisse ?

Alors aller à la page suivante !

Plus on a peur, plus on cherche à contrôler.

L'épreuve de réalité (à répéter à l'envi)

Choisissez une situation de culpabilité que vous souhaitez faire changer.

-

Notez ce que vous faites habituellement pour diminuer le malaise.

(par exemple : téléphoner à mon père quand je ne vais pas lui rendre visite)

-

Décision : **j'essaie un autre comportement, qui n'est pas dicté par ma culpabilité**.

(par exemple : je ne téléphone pas, et je regarde ce qui va se passer dans la réalité)

-

Conclusion (après coup) :

-

Ce que j'en retire :

-

Non, je ne suis pas tout-puissant !
Ce que vivent les autres dépend plus d'eux-mêmes que de moi !

Il est temps de se libérer de la culpabilité **morbide**

Pour renoncer à l'illusoire mais rassurante toute-puissance, il s'agit de redonner aux autres leurs propres responsabilités. Pour cela, il importe de bien comprendre que leurs réactions et émotions résultent de leurs décisions, pas de nos actes. Aidez-vous du tableau suivant :

Situation où je me sens coupable	**Ce que j'aurais dû faire**	**Dans quel but ?**	**Le but visé dépend-il entièrement de moi ?**	**En définitive, suis-je responsable ?**
1. J'ai prononcé une parole qui pourrait être mal interprétée par Éric.	Peser mes mots, réfléchir à deux fois avant de parler.	Éviter qu'Éric ne se sente froissé ou blessé.	Non : même en réfléchissant trois fois à ma formulation, Éric pourrait quand même mal l'interpréter car il voit souvent des sens cachés derrière ce que disent les gens.	Non : l'interprétation d'Éric est de sa totale responsabilité.

2. Mon fils se drogue.	Être plus présent durant son enfance.	Éviter qu'il ne tourne mal et ne se drogue.	Non : c'est lui qui décide de se droguer. Son frère n'a jamais touché à la drogue dans les mêmes conditions.	Non : c'est lui qui décide de se droguer, c'est lui seul qui peut décider de s'en sortir. Le cas échéant, je serai là pour l'aider, non parce que je me sens coupable, mais parce que j'aime mon fils et que je veux son bien.
3. J'ai embouti le pare-choc de la voiture de mon voisin.	Ne pas téléphoner en roulant.	Éviter d'abîmer sa voiture.	Oui : lorsque je suis attentif, je contrôle parfaitement mon véhicule.	Oui : je suis responsable à 100 %.
4. Je ne tiens pas la promesse faite à un ami.	Être fidèle à ma parole.	Ne pas dégrader la relation.	Non : j'ai commis une faute, certes, mais l'ami peut me pardonner.	Non : je ne suis pas responsable des réactions de l'ami, même si je dois assumer le manquement à ma parole.

À vous maintenant !

Pour chaque situation impliquant votre culpabilité, remplissez les cinq colonnes dans l'ordre. La première sert à décrire en quelques mots la situation dans laquelle vous ressentez de la culpabilité. La seconde permet de mettre en évidence le comportement alternatif qui était censé améliorer la situation, d'après vous. La troisième sert à spécifier comment la situation se serait améliorée si vous aviez adopté le comportement alternatif. Une fois la situation améliorée inscrite, il s'agit de l'analyser sous l'angle des responsabilités engagées.

En particulier, le changement escompté dépend-il entièrement de vous ? La réponse à cette question prend sa place dans la quatrième colonne. La cinquième colonne sert à déterminer si vous êtes responsable ou non dans cette situation. Cette colonne est la plus simple à remplir, puisque la réponse est toujours la même que celle déjà indiquée dans la quatrième colonne.

Situation où je me sens coupable	Ce que j'aurais dû faire	Dans quel but ?	Le but visé dépend-il entièrement de moi ?	En définitive, suis-je responsable ?
1.				

Un dernier conseil

Beaucoup de situations inachevées nous minent la vie :

J'aurais dû lui dire…

Je n'aurais pas dû lui prêter cela…

Si seulement j'avais…

Si vous vous reconnaissez, alors prenez votre téléphone et fixez un rendez-vous avec les personnes concernées. Et parlez de ce qui vous tourmente une fois pour toutes !

Affaires en cours que je veux régler :

-

-

-

-

Cela enlève un sacré poids, n'est-ce pas ?

Non, je ne suis pas coupable

Cahier d'introspection

Conclusion

Personne ne prétend que le cheminement qui vous a été proposé est facile à mettre en pratique.
Il nécessite du temps, de la patience, du courage et des efforts.

Mais les résultats sont là ! Depuis que je travaille avec ces idées, je ne cesse de recevoir des témoignages de personnes ayant réussi à se libérer de leurs culpabilités de cette façon.

Pour vous aider à compléter ce cahier d'exercices, je ne peux que vous encourager à consulter les deux ouvrages que j'ai écrits au sujet de la culpabilité, dans lesquels vous trouverez encore plus d'explications :

Au diable la culpabilité (nouvelle édition), Jouvence 2009
Responsable, oui ! Coupable, non !, Jouvence 2006

Persévérez, et vous aussi, vous pourrez cesser de vous culpabiliser... et apprécier pleinement l'existence.

FSC
www.fsc.org
MIXTE
Papier issu de sources responsables
FSC® C004745

Imprimé en Espagne
par Rivadeneyra, S. A.
Dépôt légal février 2011